Catalogage avant publication de Bibliothèque et Archives Canada

Dieltiens, Kristien, 1954-
Le lion dans la tête de Ludovic: une histoire sur-- l'hyperactivité
(J'apprends la vie)
Traduction de: Er zit een leeuw in mij.
Pour enfants de 3 à 6 ans.

ISBN 978-2-923347-59-2

1. Hyperactivité – Ouvrages pour la jeunesse. I. Klompmaker, Marijke, 1964- .
II. Titre. III. Collection.

RJ506.H9D5314 2007   j618.92'8589   C2006-941914-0

Titre original de l'ouvrage en néerlandais: Er zit een leeuw in mij.
Publié pour la première fois en Belgique par les éditions Clavis Uitgeverij
Amsterdam-Hasselt 2005. Texte et illustrations © Clavis Uitgeverij Amsterdam-
Hasselt 2005. Tous droits réservés.

Les Éditions Enfants Québec sont une division de Chronos Magazines inc.

Directrice éditoriale: Claire Chabot
Traductrice: Laurence Baulande
Conseillère à l'édition, droits et permissions: Barbara Creary

Dépôts légaux: 1er trimestre 2007
Bibliothèque et Archives nationales du Québec
Bibliothèque et Archives Canada

ÉDITIONS ENFANTS QUÉBEC
300, rue Arran
Saint-Lambert (Québec)
J4R 1K5 Canada

Téléphone: 514 875-9612
Télécopieur: 450 672-5448
editions@enfantsquebec.com
www.enfantsquebec.com

Imprimé en Chine
10 9 8 7 6 5 4 3 2 1 0

Le lion dans la tête de Ludovic

Kristien Dieltiens
Illustrations de Marijke Klompmaker
Traduction Laurence Baulande

Éditions Enfants Québec

Le soleil n'est pas encore levé, mais Ludovic, lui, est bien réveillé.

Il saute de son lit. Boum !

Tous ses jouets en peluche sautent avec lui. Boum, boum, boum !

Ludovic a tellement de choses à faire aujourd'hui ! Impossible de se souvenir de tout.

Les étoiles, là-haut dans le ciel, l'encouragent : « Allez, Ludovic, vas-y, la journée est commencée. »

La maison est silencieuse. Tout le monde dort encore.

Le ventre de Ludovic gronde.

— C'est mon lion, celui qui est à l'intérieur de moi, dit Ludovic.

Ludovic écarte les bras et, comme un avion de chasse, il dévale l'escalier.

C'est bien plus rapide qu'un pied après l'autre, une seule marche à la fois.

iiiiiiiiiiiiiiiiiii ! L'avion vole dans le couloir.

— Ludovic, retourne dans ton lit, il fait encore nuit.

Maman a la voix tout endormie.

— Obéis, Ludovic, dit papa, il n'est pas encore l'heure de se lever.

Papa a l'air un peu fâché.

Mais Ludovic n'entend pas papa. L'avion de chasse vient tout juste d'effectuer un atterrissage d'urgence dans le couloir. Bang! Contre l'armoire. La plante en haut de l'armoire manque de tomber.

Les cintres dans l'armoire bougent. Cling, cling.

— Ludovic, retourne au lit, répète une voix ensommeillée dans la chambre.

Grrrr! Le lion continue à rugir. Peut-être qu'il a faim.

— J'ai un lion à l'intérieur de moi! crie Ludovic en bas de l'escalier.

Le lion de Ludovic n'a pas seulement faim, il a aussi très soif.

Le frigo est rempli de choses délicieuses. Le carton de lait est plein.

Quand Ludovic se sert, le lait jaillit en petites vagues.

Glou, glou, glou, fait le lait.

Glou, glou, glou, fait Ludovic.

Filou gratte à la porte de la cuisine. Scratch, scratch.

Ludovic lui ouvre la porte, et il se précipite vers le frigo ouvert.

Filou renifle un paquet de saucisses. Avec ses griffes, il le fait tomber sur le sol et le déchire.

Ludovic apporte une chaise près de la grande armoire.

Maman cache toujours les céréales. Toujours plus haut et toujours plus loin, pour que Ludovic ne puisse pas les attraper. Mais bien sûr, il les voit. Il est loin d'être stupide. Au contraire, il est très intelligent.

Il prend les céréales et fait tomber le paquet de farine.

— Il neige, il neige, chante Ludovic. Il danse. Son lion danse aussi.

Les bols du petit-déjeuner sont rangés dans le placard du bas.

— Je veux celui avec le lion, dit Ludovic. La grenouille est trop bête, et le poisson est l'animal le plus stupide de la terre entière. Où est le lion ? C'est lui que je veux.

Tout au fond, Ludovic trouve son bol préféré. Il verse les céréales et le lait dans son bol. Crunch, crunch, font les céréales dans sa bouche.

Lap, lap, fait le chat qui boit le lait. Scrunch, scrunch, fait le chat qui mange les saucisses.

— Tu es le chat le plus beau et le plus intelligent du monde, dit Ludovic, la bouche pleine. Il tire la queue de Filou.

— Est-ce que tu veux encore du lait ?

Ludovic verse le reste de lait par terre, mais Filou s'enfuit dans le salon avec une saucisse dans la bouche. Il ne veut pas que Ludovic lui tire la queue.

Ludovic court dans le salon. Assez perdu de temps, il faut jouer maintenant.

— Viens Filou, n'aie pas peur. On va jouer aux cow-boys. Tu feras le cheval !

Ludovic regarde sous le sofa. Pas de Filou. Il cherche à l'intérieur du grand vaisselier. Cling, cling, font les verres. Mais toujours pas de Filou.

Les portes du meuble sous la télé sont entrebâillées. Il y a un petit bout de la queue de Filou qui dépasse.

— Je t'ai trouvé, je te tiens !

Ludovic attrape la queue de Filou et tire dessus pour faire sortir le chat.

— Tu es un méchant cheval ! Tu mérites d'aller en prison !

Filou joue dans le panier où maman range sa laine à tricoter et s'emmêle dans la pelote.

— Et voilà ! Maintenant, tu ne pourras plus t'enfuir.

Dans le meuble, il y a des films. Ludovic voit une cassette avec un lion.

— Je veux voir le film du Roi Lion, dit-il.

Il court vers la télé pour chercher la télécommande. Papa la cache toujours, mais Ludovic est capable de tout trouver.

— J'ai déjà vu ce film un million de fois et maintenant, je vais le regarder un million et une fois de plus.

Ludovic appuie sur tous les boutons. Finalement, le Roi Lion apparaît. Il rugit dans le salon, et Ludovic lui répond en rugissant à son tour.

Le Roi Lion mange un poisson, et Ludovic attrape une pomme verte dans la corbeille.

Sur le sofa, Ludovic aperçoit un livre de Léa. Léa est grande, elle sait déjà lire.

C'est un livre pour les filles.

— Les filles sont stupides, crie Ludovic au Roi Lion.

Mais le lion à la télévision
ne l'écoute pas.

Le Roi Lion est bien trop occupé pour s'intéresser à Ludovic.

Il est en train de poursuivre un phacochère.

Ses pattes volent aussi vite que... le vent.

Ludovic aussi sait courir vite, parfois même plus vite que le vent.

Quand, finalement, le Roi Lion réussit à attraper le phacochère, il rugit, la tête dressée et le museau au vent. Ludovic rugit avec lui. Soudain, le lion se tait. Il est aussi silencieux qu'une souris. Il regarde Ludovic dans les yeux.

Ludovic se met en colère.

— Juste au moment où ça devenait intéressant! Allez, Roi Lion, allez!

Mais le lion ne bouge plus.

Le film est arrêté.

Ludovic appuie de nouveau sur tous les boutons de la télécommande, mais rien n'y fait : le lion à la télévision refuse de bouger.

Ludovic se laisse rouler sur le sofa. Sa tête heurte la petite table. Aïe ! Stupide table !

Ludovic donne des coups de pied à la table et court vers le magnétoscope. Il presse le bouton avec la petite flèche en direction de la cuisine.

Prrrrrrrrrrrrrrrrrrrrrrrrrrrrrrrrrrrrrrrrrrrrrrrrrrrrrrrrt! fait la cassette.

Prrrrrrrrrrrrrrrrrrrrrrrrrrrrt! répète Ludovic.

Puis, il n'y a plus rien. Plus de film et plus de Roi Lion. Juste des taches grises.

Mais Filou est là, lui. Avec encore quelques bouts de laine autour des pattes arrière, il s'enfuit vers la cuisine en trébuchant.

En riant, Ludovic crie :

— À l'aide, le cheval s'échappe !

Filou trottine vers la petite flaque de lait.

— Filou, tu n'es plus un cheval. Maintenant, tu es un phacochère, un phacochère épuisé, et moi, je suis le lion ! Ludovic essaie de bondir comme un lion.

Mais Filou ne se laisse pas attraper. D'un bond, il est sur la table de la cuisine.

Ludovic saute à son tour, mais le chat est plus rapide que lui.

Ludovic regarde autour de lui. Il cherche une idée pour réussir à attraper Filou.

— Je vais fabriquer des bombes en papier, dit-il. Avec du stupide papier de filles.

Il déchire quelques pages du livre de Léa et en fait de grosses boules de papier.

Il les lance en direction de Filou. Bang ! Crash ! Boum ! En plein dans le mille !

Filou, je t'ai eu.

Tout à coup, la porte s'ouvre.

C'est papa. Il est en pyjama. Son visage est sombre comme un nuage d'orage.

— Mais enfin, que se passe-t-il ici? Ludovic, tu sais quelle heure il est?

La voix de papa rugit dans le salon.

— Il est cinq heures du matin! Tout le monde dort!

Ludovic secoue la tête.

— Non, pense-t-il, tout le monde ne dort pas. Je suis réveillé et Filou, le phacochère, aussi. Et le lion aussi...

Soudain, maman entre à son tour dans la cuisine.

Elle a l'air triste.

Comme si elle allait se mettre à pleurer.

— Mais Ludovic, qu'est-ce que c'est que tout ça ?

Elle montre du doigt tout le désordre.

Ludovic regarde autour de lui.

Qu'est-ce qu'il a fait de mal ?

— Regarde ce que tu as fait cette fois !

Tous les jours, tu fais de nouvelles bêtises.

Maman prend Ludovic par la main et lui montre tous les dégâts.

La farine dans la cuisine.

Le lait et les céréales par terre.

Le papier déchiré des saucisses.

Les coussins du sofa tombés par terre.

Le chat avec la laine enroulée autour du corps et des pattes.

Des pelotes de laine dans tous les coins.

Des boules de papier partout.

Même Léa est réveillée maintenant. Elle voit son livre et les pages arrachées qui ont servi à confectionner les boules de papier.

Elle éclate en sanglots.

— Mon livre ! Mon livre préféré ! dit-elle en pleurant.

À travers ses larmes, elle regarde Ludovic avec colère.

— Je te déteste ! Tu casses toujours tout ! Tu embêtes tout le monde ! On ne peut jamais être tranquille dans cette maison ! Je ne veux plus jamais te voir !

Léa s'enfuit en courant dans sa chambre.

Ludovic entend les pieds de sa sœur cogner sur les marches de l'escalier.

— Elle aussi, elle fait du bruit, dit-il en grommelant. Et elle aussi, elle est stupide et toujours fâchée contre moi. On ne peut jamais rien faire avec elle.

Papa pousse un profond soupir. Il a l'air tout aussi triste et inquiet que maman.

— Ludovic, pourquoi as-tu tout brisé ? Regarde autour de toi.

Ludovic voit tout le désordre.

— Ce n'est pas moi, dit-il doucement. C'est le lion.

— Quel lion ? demande papa.

— Le lion à la télé.

— Ludovic ?

Papa le regarde d'un air si découragé que Ludovic prend peur.

— C'est aussi un peu à cause de mon lion, celui qui est à l'intérieur de moi.

Maman prend les deux mains de Ludovic dans les siennes.

— Viens ici avec moi.

Elle va s'asseoir sur le sofa et installe Ludovic sur ses genoux.

Il n'aime pas ça quand maman le tient prisonnier dans ses bras.

Il essaie de se libérer mais, cette fois, cela ne marche pas.

— Ludovic, tu vas rester assis tranquillement pendant quelques minutes.

Sa voix est déterminée.

Ludovic sent les larmes lui monter aux yeux. Il essaie de dégager un de ses bras.

— Tu es allé trop loin, Ludovic, dit maman.

Elle regarde Ludovic droit dans les yeux.

— Mais c'est vraiment de la faute de mon lion, répond Ludovic, tout grognon soudain.

Maman hoche la tête.

— Peut-être que nous pourrions dompter ton lion tous les deux.

— Tu peux faire ça? s'étonne Ludovic.

— Peut-être, répond maman, mais peut-être aussi que quelqu'un pourrait m'aider. Quelqu'un qui serait très bon pour apprivoiser les bêtes sauvages.

— Mais qu'est-ce qui arrivera à mon lion?

Ludovic n'aime pas trop cette idée. Il sait très bien qu'il n'a pas un vrai lion à l'intérieur. C'est juste que c'est comme s'il en avait un.

Papa vient s'asseoir à côté de lui et maman.

— Nous voulons t'apprendre à devenir le dompteur de ton propre lion. Nous voulons qu'il devienne un gentil lion, bien apprivoisé. Mais d'abord, tu dois nettoyer tout le désordre de ce lion.

Une heure plus tard, Ludovic est de retour dans son lit.

Papa et maman l'ont aidé.

Demain, Ludovic veut faire un dessin : *Recherché : dompteur de lion.*

C'est papa qui écrira le texte.

— Aaaaaaououou. Ludovic bâille.

Il a la bouche grande ouverte, comme un lion.

Les étoiles se taisent.

Même le lion ne rugit plus.

Ludovic et son lion sont endormis.

Mais enfin, pourquoi Ludovic se comporte-t-il ainsi ? Avons-nous là simplement un petit garçon très actif, difficile et désobéissant ? Ou bien s'agit-il de quelque chose de différent ?

Cette histoire nous apprend que les parents de Ludovic doivent faire face tous les jours à ce type de comportement et aux problèmes que cela engendre.

Ludovic est un enfant difficile, impulsif et trop actif, qui a du mal à respecter les règles et les consignes. Il brise beaucoup de choses et entre souvent en conflit avec son entourage. Beaucoup d'entre nous le considéreraient comme un enfant très difficile. Ludovic est sans arrêt en mouvement, fait des choses sans réfléchir et ne se rend pas compte des conséquences de son comportement. S'agit-il du TDAH (Trouble de déficit d'attention avec hyperactivité) ? Ou est-ce qu'il a simplement une très forte personnalité et n'est pas assez conscient de tous les problèmes qu'il cause ? Nous espérons en tout cas que l'histoire de Ludovic vous incitera à aller consulter un spécialiste si le comportement de votre enfant vous inquiète, surtout s'il a le même comportement à la garderie et en d'autres lieux ou dans d'autres situations.

Qu'est-ce que le TDAH ?

En clair, le TDAH est un trouble dont les symptômes conduisent à un déficit d'attention et parfois aussi à de l'hyperactivité et à de l'impulsivité.

Diagnostiquer le TDAH n'est pas une chose aisée. C'est l'affaire d'une équipe de spécialistes, car bon nombre des caractéristiques du TDAH se retrouvent également chez des enfants au comportement « normal ». Ces derniers temps, on parle beaucoup de TDAH et on peut se demander s'il ne s'agit pas d'une sorte de mode. En fait, les études nous apprennent que 3 à 5 % des enfants souffrent de ce trouble. C'est un trouble qu'il faut apprendre à « contrôler », grâce à une approche globale. Pour

l'instant, on ne connaît pas exactement la cause du TDAH. Ce que l'on sait, c'est qu'on ne l'attrape pas en regardant trop la télévision, ni en jouant trop aux jeux vidéos, ni en ayant reçu une mauvaise éducation.

Comment aider l'enfant ?

- Chaque enfant est différent. Les gènes, les caractéristiques physiques, l'intelligence et les capacités d'apprentissage, tout cela détermine la manière dont il réagit. C'est aux parents et aux éducateurs d'apprendre à « connaître » l'enfant et de trouver la stratégie qui lui conviendra le mieux, compte tenu de ces caractéristiques.

- Il faut aussi prendre en compte la personnalité des parents. Il est essentiel de bien se connaître pour réussir à établir une relation harmonieuse avec son enfant. Face aux enfants qui ont le TDAH, il est important, encore plus que face aux autres enfants, d'adopter une approche éducative cohérente et de multiplier les marques d'appréciation.

- L'environnement social joue également un rôle important. Si l'enfant ne reçoit que des commentaires négatifs, et ce, où qu'il aille, cela risque d'aggraver ses problèmes de comportement et de rabaisser encore davantage son estime de soi.

Il existe plusieurs sous-types de TDAH. L'expression TDAH recouvre en effet plusieurs réalités, mais l'enfant montre toujours des signes de déficit d'attention.

- le type où prédomine l'inattention (l'enfant dans la lune), appelé trouble de déficit d'attention (TDA).
- le type où prédomine l'hyperactivité-impulsivité.
- le type mixte : l'enfant est hyperactif et impulsif.

Cet ouvrage traite principalement du dernier type.

Qu'en est-il de Ludovic ?

Dans le cas de Ludovic, il y a plusieurs problèmes en jeu.

Ludovic a des problèmes de déficit d'attention. Il ne remarque pas de nombreux détails et commet des fautes d'inattention. Il a du mal à écouter ce qu'on lui dit et est facilement distrait. Il a du mal à s'organiser, perd beaucoup de choses et oublie vite.

Ludovic est à coup sûr hyperactif. Il n'arrive pas à rester tranquille, ne peut s'empêcher de bouger constamment les bras et les jambes, tout en émettant des bruits divers. Ces bruits ressemblent parfois à des tics et sont très dérangeants pour les autres. Parfois, les enfants comme Ludovic parlent tout le temps à haute voix ou bien ils ne cessent de courir et de grimper partout. Par exemple, s'asseoir tranquillement sur les genoux de maman n'est vraiment pas l'activité préférée de Ludovic.

Ludovic est très impulsif. Il enchaîne une action après l'autre, sans vraiment en finir aucune et sans faire de pause. (On retrouve ce comportement chez bon nombre de tout-petits, mais à l'âge de six ans, la situation doit normalement s'être nettement améliorée.)

Ludovic se laisse distraire en un instant et suit toutes ses impulsions. Les consignes qu'on lui répète chaque jour semblent glisser sur lui sans l'atteindre. Les entend-il vraiment ? Ludovic a de la

difficulté à attendre son tour et répond souvent aux questions avant même que son interlocuteur ait fini de les poser. Enfin, il n'a pas la moindre idée de ce qu'on lui reproche et a du mal à analyser son propre comportement.

Comment puis-je savoir si mon enfant souffre du TDAH ?

Chaque enfant est susceptible de présenter un jour les caractéristiques décrites dans cette histoire sans pour autant être atteint du TDAH.

Pour poser un diagnostic de TDAH, les professionnels de la santé considèrent les points suivants :

- L'enfant doit présenter plusieurs symptômes de déficit d'attention ou d'hyperactivité-impulsivité.
- Ces symptômes doivent être présents, sans qu'il y ait eu de changement, depuis au moins six mois et ne pas être en rapport avec l'âge, ni le stade du développement de l'enfant.
- Certains des symptômes d'hyperactivité, d'impulsivité ou de déficit d'attention doivent être apparus avant l'âge de sept ans.
- Ces symptômes doivent se manifester dans différents endroits et dans différentes situations : à la maison, à l'école, seul ou avec des amis.

Les enfants qui ont le TDAH présentent aussi parfois d'autres troubles :

- Ils ont souvent des problèmes de motricité : ils trébuchent souvent, ont du mal à écrire et sont maladroits.
- Bien qu'ils aient tendance à être intelligents, ils ont souvent des retards ou des difficultés d'apprentissage.
- À cause de leur comportement impulsif, ils entrent souvent en conflit avec leur entourage. Ils ne maîtrisent pas toujours leurs sentiments et ont des réactions exagérées : ils sont trop heureux, trop tristes, trop passionnés...
- Ils ont des problèmes relationnels : ils manquent de tact et évaluent mal les conséquences de leur comportement.
- Ils vivent souvent des échecs et font sans cesse des expériences négatives. Ils développent alors parfois une peur de l'échec et un manque de confiance en

eux-mêmes. Trop souvent également, ils refuseront ce qui est nouveau.

Des enfants talentueux

Les enfants souffrant de TDAH ont aussi beaucoup de qualités, que l'on a trop tendance à négliger.

Ce sont souvent des enfants très riches sur le plan émotionnel, qui manifestent une belle joie de vivre. Ils ont souvent le sens de la justice très développé et regardent le monde qui les entoure avec un esprit ouvert et unique. Ils sont très spontanés, pleins d'énergie et sont capables de faire des efforts intenses. Ils font ce qu'ils aiment faire avec enthousiasme ; à l'école, ils rendent souvent les travaux les plus originaux. Ils ont le sens de l'humour et aiment parler avec les autres.

Traiter le TDAH

On ne guérit pas du TDAH, car la science n'a pas encore fait assez de progrès. Mais une chose est sûre : pour guider correctement les enfants qui en souffrent, toutes les parties concernées — l'enfant, les parents, l'école, l'aide extérieure — doivent travailler de concert. Il est particulièrement important que tous soient d'accord sur l'emploi du temps de l'enfant ainsi que sur les règles de comportement et la cohérence des stratégies d'action et de réaction. À la maison comme à l'école, il doit y avoir une seule approche, unique et sans ambiguïté : les consignes et les façons d'agir doivent être identiques. Si les parents et les professeurs travaillent ensemble, le comportement de l'enfant s'améliorera de façon visible.

Il y a différentes formes possibles de thérapies qui peuvent aider l'enfant :

- La formation des parents ou thérapie d'intermédiation ;
- La thérapie individuelle (psychothérapie, orthopédagogie) ;
- Le soutien pédagogique ;
- L'aide aux devoirs.

Parfois, le médecin peut prescrire des médicaments à l'enfant. Les études montrent que cela ne réussit pas à tous les enfants. Toutefois, pour certains, les médicaments sont très utiles quand ils viennent en complément d'une approche pédagogique et qu'ils aident à soutenir l'attention pendant les apprentissages. Bien entendu, ces médicaments ne sont prescrits que lorsqu'un diagnostic précis a été établi, et l'enfant doit être suivi régulièrement par un médecin.

Les enfants souffrant du TDAH ont besoin de beaucoup d'attention, d'affection, de stimulation et de soutien affectif. Plus leurs relations avec leur entourage sont satisfaisantes, plus l'aide psychopédagogique qu'ils reçoivent portera ses fruits.

Pour l'instant, il n'existe pas de solution toute faite. C'est pourquoi il est très important que tous, les parents, la famille, les enfants et les éducateurs, travaillent ensemble.

Des personnes célèbres atteintes de TDAH

Alexander Graham Bell, l'inventeur du téléphone ;
Agatha Christie, auteure de romans policiers ;
Salvador Dali, peintre ;
Hans Christian Andersen, auteur de contes pour enfants ;
Ludwig van Beethoven, compositeur ;
Napoléon Bonaparte, empereur ;
Bill Clinton, ancien président des États-Unis ;
Walt Disney, réalisateur et producteur de films ;
Mozart, compositeur ;
Vincent Van Gogh, peintre.

Pour vous aider :

- Pour les enfants à partir de 6 ans : *Champion de la concentration,* Kathleen G. Nadeau et Ellen B. Dixon, Éditions Enfants Québec, 2006, 96 p.
- Associations de parents PANDA du Québec www.associationpanda.qc.ca